Blaise Pascal

Der Mensch ist für die Freude geboren
Unterhaltsame Lebensweisheiten

*F*reundliche Worte
kosten nichts,
aber bringen viel ein.

Blaise Pascal

Der Mensch ist für die *Freude* geboren

Unterhaltsame Lebensweisheiten

benno

Bibliografische Information der Deutschen Nationalbibliothek
Die Deutsche Nationalbibliothek verzeichnet diese Publikation
in der Deutschen Nationalbibliografie; detaillierte bibliografische
Daten sind im Internet unter http://dnb.d-nb.de abrufbar.

Bildnachweis
Alle Innenmotive: © stock.adobe.com/SavirinaArt;
S. 60/63: © wikicommons; S. 61/62: © stock.adobe.com/Archivist;
S. 64: © stock.adobe.com/Walter_D

Besuchen Sie uns im Internet:
www.st-benno.de

Gern informieren wir Sie unverbindlich und aktuell auch
in unserem Newsletter zum Verlagsprogramm,
zu Neuerscheinungen und Aktionen.
Einfach anmelden unter www.vivat.de.

ISBN 978-3-7462-6398-4

© St. Benno Verlag GmbH, Leipzig
Zusammenstellung: Volker Bauch, Gößnitz
Umschlaggestaltung: Ulrike Vetter, Leipzig
Covermotiv: © stock.adobe.com/SavirinaArt
Gesamtherstellung: Kontext, Dresden (A)

Inhaltsverzeichnis

*E*s gibt bereits alle
guten Vorsätze.
Wir brauchen sie nur
noch anzuwenden.

1. Kapitel

Für die Freude geboren

*J*e weiser und besser ein Mensch ist,
umso mehr Gutes bemerkt er
in den Menschen.

*E*s macht Freude,
in einem vom Sturm
gepeitschten Schiff zu sein,
wenn man sicher ist,
dass es nicht untergehen wird.

*D*ie Natur
des Menschen ist nicht so,
dass sie immer vorwärtsginge;
sie hat ihr Hin und Wieder.

*D*ie Gegenwart ist nie
unser Zweck:
Vergangenheit und Gegenwart
sind unsere Mittel.
Die Zukunft allein
ist unser Zweck.
Und so leben wir nie:
Wir hoffen nur zu leben.

Sich über Philosophie
lustig machen,
heißt wahrhaft philosophieren.

Man wählt,
um ein Schiff zu steuern,
nicht denjenigen von
den Reisenden aus,
der dem vornehmsten
Geschlecht entstammt.

*D*as Herz kennt Gründe,
von denen der Verstand
nichts weiß.

*I*ch hätte gern
einen kürzeren Brief geschrieben,
aber hatte dafür nicht die Zeit.

*D*ie Nase der Kleopatra:
Wäre sie kürzer gewesen,
das ganze Antlitz
der Erde hätte sich verwandelt.

*D*ie besten Bücher sind die,
von denen jeder meint,
er hätte sie selbst schreiben können.

*D*as Wetter und meine Laune
haben wenig miteinander zu tun.
Ich trage meinen Nebel und
Sonnenschein in meinem Inneren.

*K*alte Worte lassen
Menschen erstarren,
hitzige Worte schmerzen sie.
Bittere Worte machen sie bitter,
und zornige Worte machen
sie zornig.
Freundliche Worte bringen gleichfalls
ihr Abbild im Gemüt des Menschen
hervor: Sie erheitern, besänftigen und
trösten ihn.

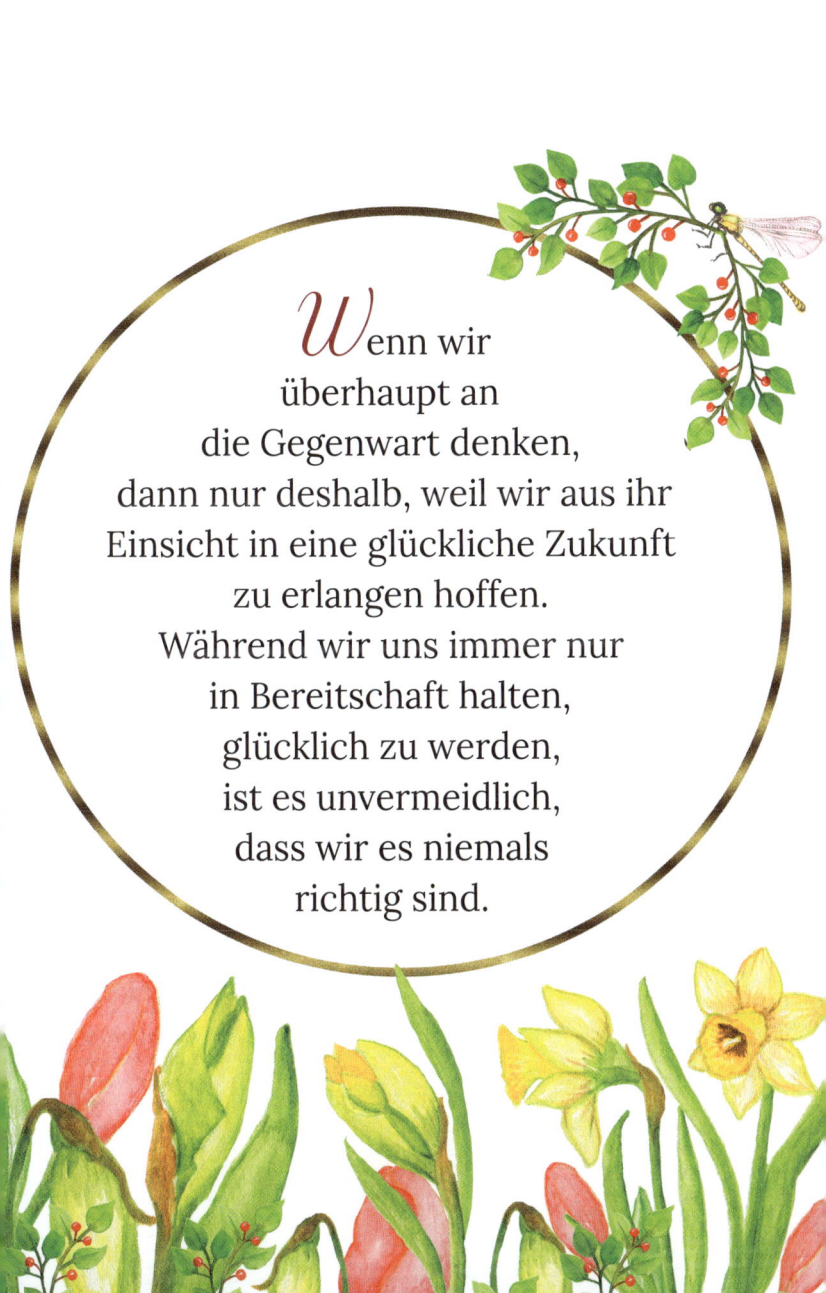

*W*enn wir
überhaupt an
die Gegenwart denken,
dann nur deshalb, weil wir aus ihr
Einsicht in eine glückliche Zukunft
zu erlangen hoffen.
Während wir uns immer nur
in Bereitschaft halten,
glücklich zu werden,
ist es unvermeidlich,
dass wir es niemals
richtig sind.

*D*as Niesen absorbiert
alle Funktionen der Seele
ebenso sehr wie die Arbeit.

*Z*u viel Vergnügen ist lästig.

*W*illst du, dass andere Gutes
von dir sagen, tu es nie selber!

*E*s gefällt uns,
einen König „Fürst" zu nennen,
weil das seine Qualität verringert.

Der Mensch ist so beschaffen,
dass, wenn man ihm sagt,
er sei ein Dummkopf, er es glaubt;
und wenn man das selber von sich sagt,
so macht man es sich glauben.

Die niemals ihre Meinung
zurücknehmen, lieben sie mehr
als die Wahrheit.

Die Menschen sind so notwendig
verrückt, dass nicht verrückt sein nur
hieße, verrückt sein nach einer anderen
Art von Verrücktheit.

Ich habe es oft gesagt: Das ganze
Unglück der Menschen kommt daher,
dass sie nicht ruhig in einem Zimmer
bleiben können.

*A*llein aus Freude
am Sehen und ohne
Hoffnung,
seine Eindrücke und
Erlebnisse
mitteilen zu dürfen,
würde niemand
über das Meer fahren.

Das Herz hat seine Gründe,
welche die Vernunft
nicht kennt;
man fühlt es auf
tausenderlei Weise.

2. Kapitel

*Ein Tropfen
Liebe ist mehr
als ein Ozean
an Wille
und Verstand*

*L*iebe hat kein Alter.

*D*amit die Leidenschaft
keinen Schaden anrichte,
lasst uns handeln, wie wenn wir
nur acht Tage zu leben hätten.

*E*in vernünftiger Mensch liebt
nicht deshalb, weil dies für ihn
vorteilhaft ist, sondern deshalb,
weil ihn die Liebe selbst
glücklich macht.

*E*ine feste und beständige Liebe
beginnt stets mit einer Beredsamkeit,
die sich handelnd kundtut:
Die Augen tun das meiste dabei.

*I*n der Liebe
gilt Schweigen
oft mehr als Sprechen.
Es wirkt gut,
wenn der Liebende
in seiner Erregung
nicht Worte
finden kann.

Die Freude, welche die Liebe,
die man nicht auszusprechen wagt,
gewährt, hat ihr Schmerzliches,
aber auch ihr Süßes.

Es gibt keine Wahrheit
außerhalb der Liebe.

Die Kälte ist angenehm,
wenn man sich wärmen kann.

*A*lle Menschen versuchen
glücklich zu sein;
darin gibt es
keine Ausnahmen,
wie verschieden
die Mittel
auch sind,
die sie anwenden.

*W*enn wir lieben,
erscheinen wir uns selbst
ganz anders als wir früher gewesen.

*D*er Mensch,
der nur sich selber liebt,
hasst nichts so sehr,
als mit sich selbst allein zu sein.

*E*s gibt eine Vernunft des Herzens,
die der Verstand nicht kennt.
Man erfährt es bei tausend Dingen.

*A*llein ist der Mensch
ein unvollkommenes Ding;
er muss einen zweiten finden,
um glücklich zu sein.

*E*hrfurcht und Liebe
müssen so gut verteilt sein,
dass sie einander tragen,
ohne dass die Liebe
von der Ehrfurcht
erdrückt wird.

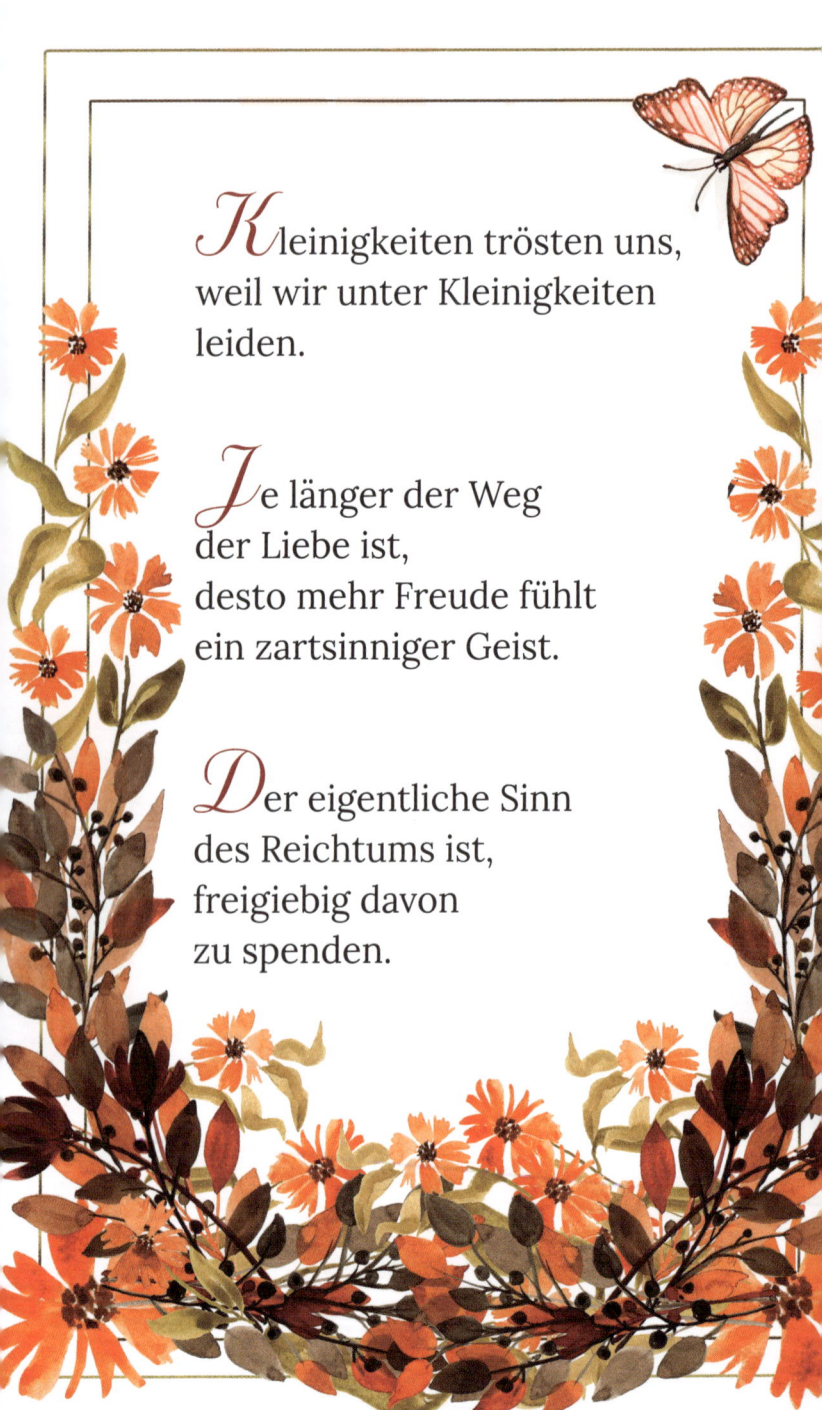

*K*leinigkeiten trösten uns,
weil wir unter Kleinigkeiten
leiden.

*J*e länger der Weg
der Liebe ist,
desto mehr Freude fühlt
ein zartsinniger Geist.

*D*er eigentliche Sinn
des Reichtums ist,
freigiebig davon
zu spenden.

*D*ie Zeit heilt
Schmerzen und Streitigkeiten,
weil der Mensch sich ändert:
Weder der Beleidigte
noch der Beleidiger bleiben,
was sie einmal waren.

*D*ie Weisheit führt uns
zur Kindheit zurück.

3. Kapitel

Der Gedanke macht die Würde des Menschen aus

*W*ir erkennen die Wahrheit
nicht nur mit dem Verstand,
sondern auch mit dem Herzen.

*N*ur weil wir die Gegenwart nicht
recht zu erkennen und zu erforschen
verstehen, bemühen wir uns geistreich
um Einsicht in die Zukunft.

*E*s ist nicht gewiss,
dass alles ungewiss sei.

*D*ie Rechenmaschine
bringt Wirkungen zustande,
die dem Denken näherkommen als alles,
was die Tiere tun; aber sie vollbringt
nichts, was zu der Behauptung
veranlassen könnte, sie habe
Willenskräfte wie die Tiere.

Das Denken macht die Größe
des Menschen aus.

Die unheilvolle Neigung,
über die Dinge nicht mehr
nachzudenken, sobald sie
nicht mehr zweifelhaft sind,
hat die Hälfte
aller menschlichen Irrtümer
zu verantworten.

Die kleinste Bewegung
ist für die ganze Natur
von Bedeutung;
das ganze Meer verändert sich,
wenn ein Stein hineingeworfen wird.

$\mathcal{M}$an lässt sich gewöhnlich
lieber durch Gründe überzeugen,
die man selbst erfunden hat,
als durch solche,
die anderen
zu Sinn gekommen sind.

*D*ie Wahrheit ist
nützlicher für den,
der sie erfährt, als für den,
der sie sagt.

*W*er zu schnell oder zu langsam liest,
versteht nichts.

*E*s gibt Leute, die gut reden
und nicht gut schreiben.
Sie brauchen Zuhörer,
die sie anfeuern und
dadurch veranlassen,
dass ihr Geist hergibt,
was er ohne diese Anregung
nicht herzugeben vermag.

*A*lles, was unbegreifbar ist,
hört nicht auf zu sein.

*N*icht im Raume darf ich
meine Würde suchen,
sondern in der Ordnung
meiner Gedanken.

*D*urch zwei Pforten
gehen Wahrheiten
in unseren Geist ein;
durch den Verstand
und durch den Willen.
Am natürlichsten ist der erste Weg,
aber am gewöhnlichsten der zweite.

*W*ir verstehen die Zahl,
aber nie das Gezählte.

*O*hne Zerstreuung gibt es
für den Menschen keine Freude,
mit Zerstreuung keine Trauer.

*D*ie Menschen glauben aufrichtig,
die Ruhe zu suchen,
und suchen in Wirklichkeit
nur die Unrast.

*M*an soll die Fähigkeit
eines Menschen
nicht nach seinen Anstrengungen,
sondern nach seinen alltäglichen
Leistungen messen.

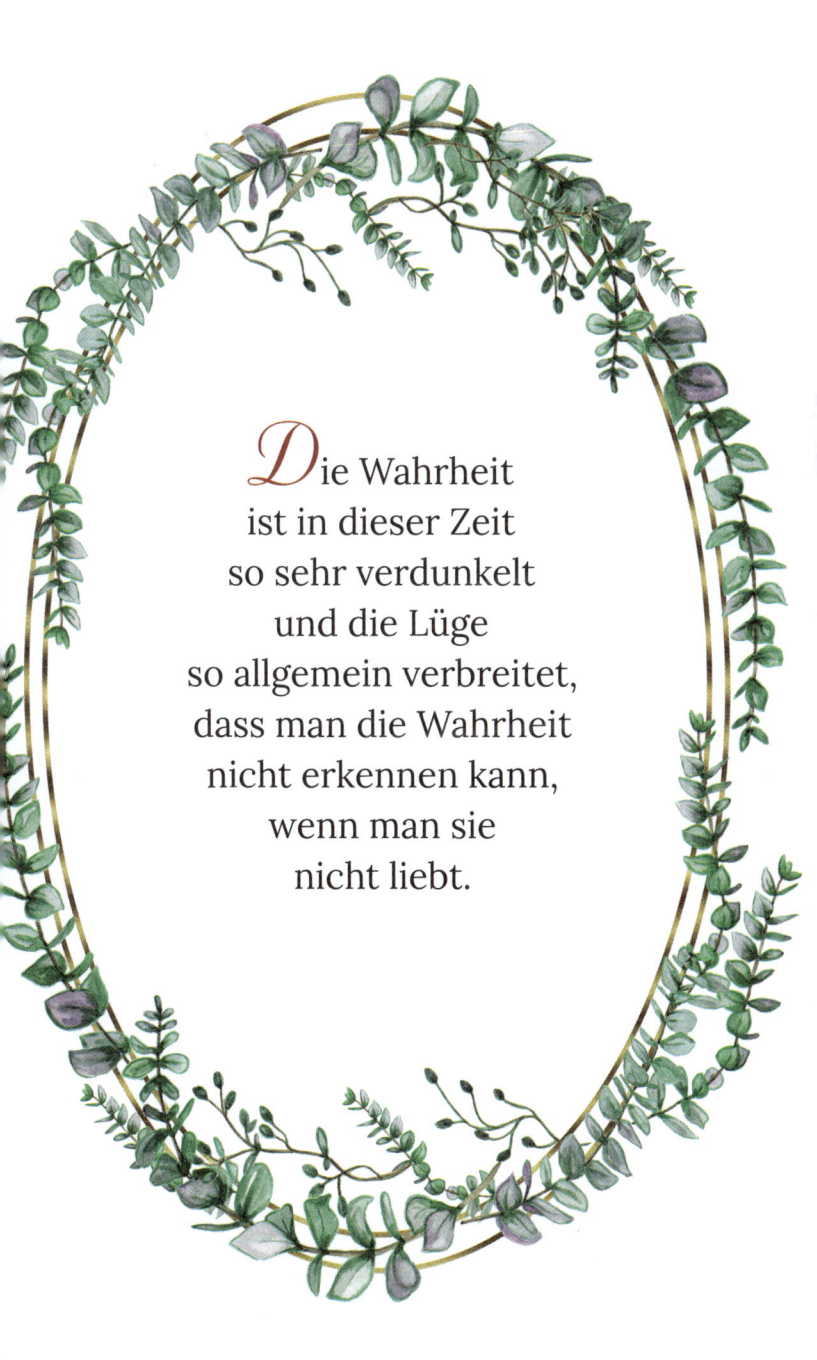

Die Wahrheit
ist in dieser Zeit
so sehr verdunkelt
und die Lüge
so allgemein verbreitet,
dass man die Wahrheit
nicht erkennen kann,
wenn man sie
nicht liebt.

*J*eder Wahrheit sollte
man hinzufügen,
dass man sich auch der
entgegengesetzten Wahrheit entsinne.

*N*icht was wir sehen,
wohl aber wie wir sehen
bestimmt den Wert des Gesehenen.

*J*e mehr man Geist hat,
desto mehr originelle
Menschen findet man.
Gewöhnliche Leute sehen
keine Unterschiede.

*D*as Empfindungsvermögen
des Menschen
für die kleinen Dinge
und die Unempfindlichkeit
für die größten Dinge, ein Zeichen
für eine sonderbare Umkehrung.

*W*issen ist wie ein Baum:
Je größer und verzweigter er ist,
umso ausgeprägter ist sein Kontakt
mit dem Unbekannten.

Die wichtigste Fähigkeit ist die,
welche alle anderen ordnet.

Der Natur des Menschen
entspricht es nicht,
immer in eine Richtung zu gehen;
sie hat ihr Kommen und Gehen.

Jeder trägt in sich
das Urbild der Schönheit,
dessen Abbild er in
der großen Welt sucht.

Man muss sich selbst erkennen.
Wenn das nicht helfen sollte,
das Wahre zu finden,
so hilft es wenigstens dabei,
sein Leben einzurichten,
und es gibt nichts Richtigeres.

Die Natur beginnt
immer von Neuem
mit den gleichen Dingen:
den Jahren, den Tagen,
den Stunden.

Es ist eine Beredsamkeit
des Schweigens,
die tiefer eindringt,
als es das Sprechen je könnte.

Die schönen Taten,
welche in der Verborgenheit
geschehen, sind die schönsten.

Die Tugend eines Menschen
sollte nicht an seinen besonderen
Leistungen gemessen werden,
sondern an seinem alltäglichen
Handeln.

Das letzte, was man findet,
wenn man ein Werk schreibt,
ist zu wissen, was man
an den Anfang stellen soll.

Der Edelmann glaubt,
dass die Jagd ein großes
Vergnügen sei.
Der Reitknecht ist anderer Ansicht.

Das ganze Glück
der Menschen besteht darin,
bei anderen Achtung zu genießen.

Man muss sich selbst erkennen.
Die Einsamkeit aber ängstigt deshalb,
weil ihr die Menschen unverdeckt sich
selber gegenübergestellt werden. In der
Einsamkeit zeigt sich die Trostlosigkeit,
seine Ohnmacht, Abhängigkeit,
Unzulänglichkeit etc., Langeweile,
Düsterkeit, Kummer, Verdruss,
Traurigkeit befällt den Menschen, die
Angst vorm Alleinsein. Die Größe des
Menschen ist darin groß, dass er sich
selbst als elend erkennt.

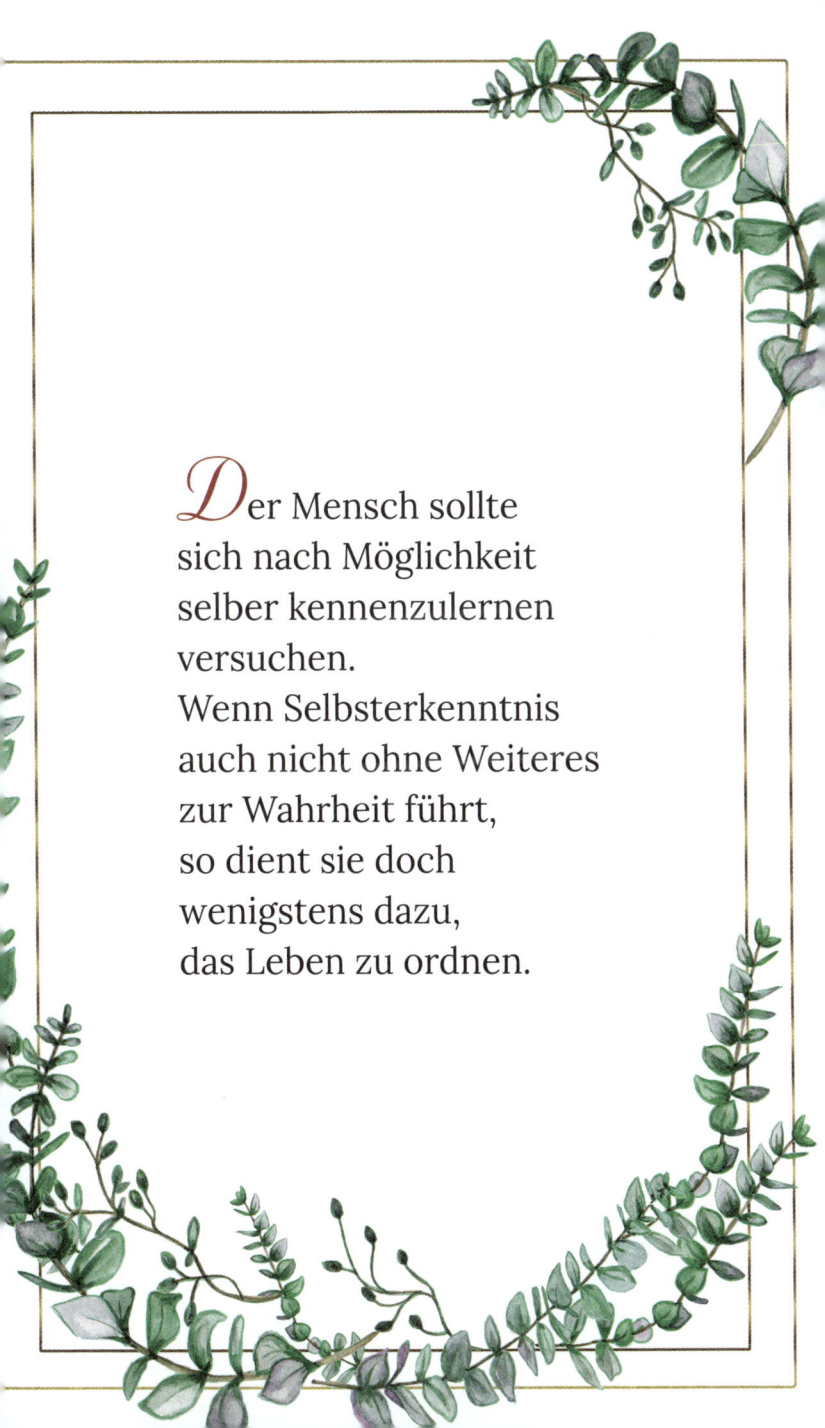

*D*er Mensch sollte
sich nach Möglichkeit
selber kennenzulernen
versuchen.
Wenn Selbsterkenntnis
auch nicht ohne Weiteres
zur Wahrheit führt,
so dient sie doch
wenigstens dazu,
das Leben zu ordnen.

*E*s gibt zwei
gleichermaßen
gefährliche Extreme:
den Verstand abzuschalten
und ausschließlich
den Verstand
zu benutzen.

Die Macht
der Könige
ist gegründet
auf die Vernunft
und auf die Torheit des Volks,
und zwar weit mehr
auf die Torheit.

*E*s ist Gottes Art,
durch kleine Dinge
große Wirkungen
hervorzurufen.

4. Kapitel

Der Glaube ist ein besserer Ratgeber als die Vernunft

Wie wohl fühlt sich der Mensch,
wenn er vom vergeblichen Suchen
des Heils im weltlichen Leben
erschöpft, ermattet seine Hände
zu Gott ausstreckt.

Menschliche Dinge
muss man kennen, um sie zu lieben.
Göttliche muss man lieben,
um sie zu kennen.

Das Glück ist
nicht außer uns
und nicht in uns,
sondern in Gott,
und wenn wir ihn
gefunden haben,
ist es überall.

Da Gott aber derart
verborgen ist,
ist jede Religion,
die nicht lehrt,
Gott sei verborgen,
nicht die wahre.

Die Ungläubigen sind
die Allerleichtgläubigsten.

Es ist nicht auszudenken,
was Gott aus den Bruchstücken
unseres Lebens machen kann,
wenn wir sie ihm ganz überlassen.

Es ist aber das Herz, das Gott spürt,
und nicht die Vernunft.
Das aber ist der Glaube:
Gott im Herzen spüren
und nicht in der Vernunft.

Der Glaube ist
ein besserer Ratgeber
als die Vernunft.
Die Vernunft hat Grenzen,
der Glaube keine.

*D*ie Natur hat
Vollkommenheiten,
um zu zeigen,
dass sie das Abbild Gottes ist,
und Mängel, um zu zeigen,
dass sie nur das Abbild ist.

*E*s gibt viele, die glauben,
allerdings aus Aberglauben.

*D*ie Gegenwart ist die einzige Zeit,
die in Wahrheit uns gehört und
die wir dem Willen Gottes gemäß
gebrauchen müssen.

*J*ede Religion ist falsch,
die in ihrem Glauben
nicht einen Gott als Grund
aller Dinge verehrt.

*G*ott begreift man
nur mit dem Herzen,
nicht mit dem Verstand.

*I*n seiner Religion
muss man aufrichtig sein:
wahre Heiden,
wahre Juden,
wahre Christen.

*D*as Leben – es ist die Erinnerung
an den vorüberfliegenden Tag,
den wir zu Gast zugebracht haben.

*G*ott hat die Fürbitte angeordnet,
um seinen Geschöpfen die Würde
der Ursächlichkeit zu verleihen.

*D*er Urquell der Wahrheit ist Gott.
Wenn sie im Menschen
zum Vorschein kommt,
so bezeugt dies nicht,
dass sie aus dem Menschen
entspringt, sondern nur,
dass der Mensch die Eigenschaft
solcher Durchsichtigkeit besitzt,
dass er sie zum Vorschein
kommen lassen kann.

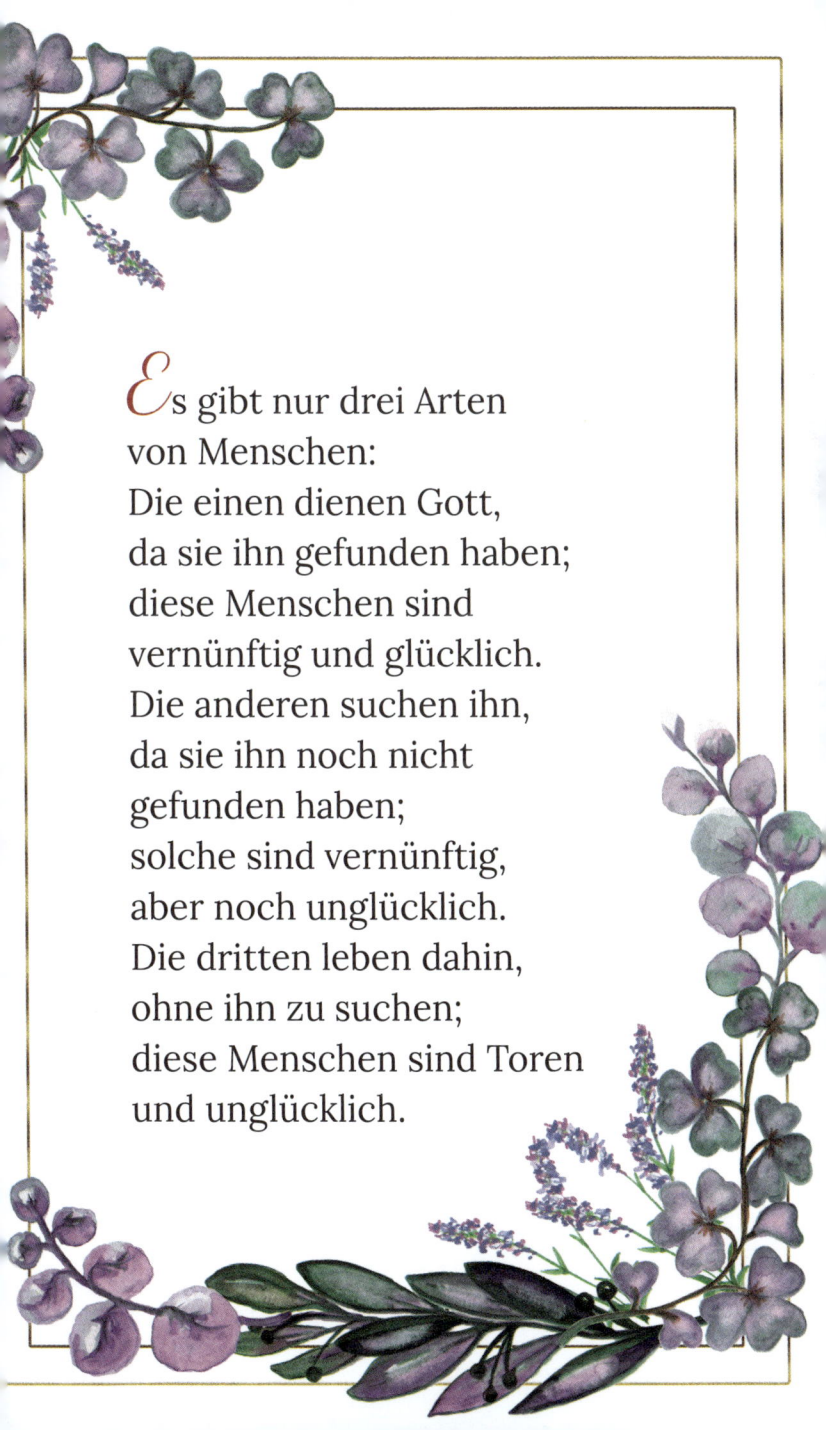

*E*s gibt nur drei Arten
von Menschen:
Die einen dienen Gott,
da sie ihn gefunden haben;
diese Menschen sind
vernünftig und glücklich.
Die anderen suchen ihn,
da sie ihn noch nicht
gefunden haben;
solche sind vernünftig,
aber noch unglücklich.
Die dritten leben dahin,
ohne ihn zu suchen;
diese Menschen sind Toren
und unglücklich.

Angenommen, es sei sicher, dass es Gott gibt oder ihn nicht gibt und dass es keinen Mittelweg gibt. Für welche Seite werden wir uns entscheiden? Lassen Sie uns ein Spiel spielen, bei dem es zu einer Entscheidung für „Kopf oder Zahl" kommt. Mit Vernunft können wir weder das eine noch das andere versichern; mit Vernunft können wir weder das eine noch das andere ausschließen. Verfallen Sie also nicht dem Irrtum, dass hierbei eine richtige Wahl getroffen werden könnte, denn Sie wissen nicht, ob Sie falschliegen oder schlecht gewählt haben. Sowohl wer sich für Kopf entscheidet, als auch wer sich für Zahl entscheidet, beide liegen falsch: Die Wahrheit kann nicht durch eine Wette entschieden werden, aber es muss gewettet werden. Es gibt keine Freiwilligkeit, Sie müssen sich darauf einlassen. Wenn Sie nicht wetten, dass es Gott gibt, müssen Sie wetten, dass es ihn nicht gibt. Wofür entscheiden Sie sich? Wägen wir den Verlust dafür ab, dass Sie sich dafür entschieden haben, dass es Gott gibt: Wenn Sie gewinnen, gewinnen Sie alles, wenn Sie verlieren, verlieren Sie nichts. Setzen Sie also, ohne zu zögern, darauf, dass es ihn gibt.

Blaise Pascal

1623

Am 19. Juni 1623 wird Blaise Pascal als Sohn eines Richters in Clermont-Ferrand (Auvergne) geboren.

1631

Die Familie zieht nach Paris um.

1640

Blaise Pascals erstes Werk wird gedruckt: „Essay pour les Coniques" (Abhandlung über die Kegelschnitte).

Pascal beim Durchführen eines Barometer-Experiments auf dem Turm der Pariser Kirche Saint-Jacques-la-Boucherie, 1647

1642

Mit neunzehn Jahren beginnt Pascal mit der Entwicklung einer Rechenmaschine.

1645

Die Rechenmaschine wird offiziell dem Kanzler Pierre Séguier präsentiert.

1646

Gemeinsam mit seinem Vater Étienne Pascal und dem Physiker Pierre Petit führt er Experimente im luftleeren Raum durch.

Messen des Luftdrucks auf dem Turm der Pariser Kirche Saint-Jacques-la-Boucherie, 1648

1653

Pascal schreibt an weiteren physikalischen Abhandlungen über das Gleichgewicht von Flüssigkeiten und das Gewicht von Luft.

1654

Begründung der Wahrscheinlich-keitsrechnung durch Blaise Pascal und Pierre de Fermat. Nach einem mystischen Erlebnis, der sog. Zweiten Konversion, entsteht die Abhandlung über das Pascalsche Dreieck.

Blaise-Pascal-Statue im Louvre von Augustin Pajou, 1785

1655

Aus gesundheitlichen Gründen zieht sich Pascal nach Port-Royal zurück.

1658

Es entsteht der Plan einer Apologie der christlichen Religion.

1659/60

Sein schlechter Gesundheitszustand zwingt Pascal zu einem längeren Aufenthalt bei seiner Schwester Jacqueline in Clermont.

1662

Blaise Pascal stirbt im Alter von 39 Jahren. Seine philosophischen Schriften werden von Freunden aus dem Nachlass veröffentlicht.

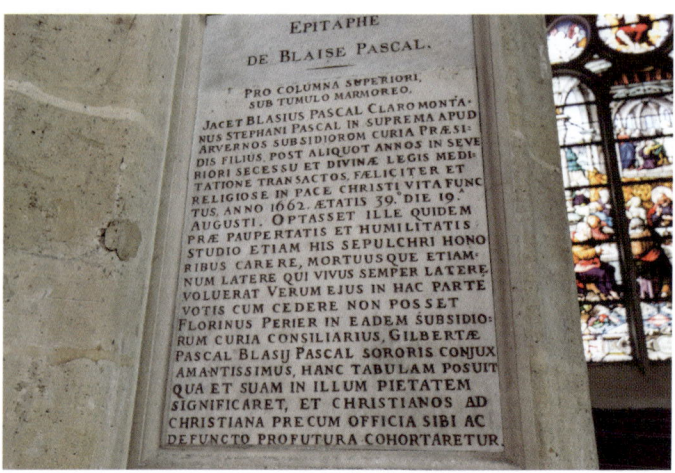

Epitaph in der Pariser Kirche Saint-Étienne-du-Mont